¡Conocimiento a tope!

Ingeniería en todas p...

¿Cuál es la mejor solución?

Robin Johnson

Traducción de Pablo de la Vega

CRABTREE
PUBLISHING COMPANY
WWW.CRABTREEBOOKS.COM

Objetivos específicos de aprendizaje:
Los lectores:

- Explicarán que un problema puede tener muchas soluciones, y que los ingenieros encuentran la mejor solución a un problema.
- Describirán diferentes soluciones y cómo son encontradas.
- Harán preguntas sobre aspectos clave del texto, y usarán evidencias para ayudarse a encontrar las respuestas a sus preguntas.

Palabras de uso frecuente (primer grado)	**Vocabulario académico**
a, es, son, un, una, y	auto eléctrico, contamina, diseño, energía, energía eólica, lluvia de ideas, modelo, necesidades, pensamiento creativo, solución

Estímulos antes, durante y después de la lectura:

Activa los conocimientos previos y haz predicciones:
Pide a los niños que activen sus conocimientos previos haciendo una lluvia de ideas con respuestas a las siguientes preguntas en grupo o en un formato de *piensa-compara con alguien-comparte*:

- ¿Qué es una solución? ¿Pueden dar un ejemplo?
- ¿Recuerdan alguna vez que hayan encontrado una solución?
- ¿Qué tipos de soluciones encuentran los ingenieros?

Durante la lectura:
Después de leer las páginas 8 y 9, pide a los niños que consideren soluciones que les ayuden a cubrir sus necesidades. Anímalos a hacer conexiones entre el texto y ellos mismos mientras expones.

Después de la lectura:
Anima a los niños a notar soluciones en el aula o en casa. Pide a los niños que trabajen en grupos para hacer un cartel que clasifique las soluciones en las siguientes categorías: cubre una necesidad, hace la vida más segura, hace la vida más fácil, hace la vida más divertida.

Haz que los niños muestren sus carteles e inviten a sus compañeros a verlos. Luego, hablen de otras soluciones que podrían haber funcionado para lograr el mismo objetivo. Por ejemplo, ¿un despertador es la única solución que hace más fácil llegar a tiempo a la escuela? Intercambien opiniones acerca de las posibles múltiples soluciones para el mismo problema. ¿Qué soluciones funcionan mejor para ellos?

Author: Robin Johnson

Series development: Reagan Miller

Editor: Janine Deschenes

Proofreader: Melissa Boyce

STEAM notes for educators: Janine Deschenes

Guided reading leveling: Publishing Solutions Group

Cover and interior design: Samara Parent

Photo research: Robin Johnson and Samara Parent

Print coordinator: Katherine Berti

Translation to Spanish: Pablo de la Vega

Edition in Spanish: Base Tres

Photographs:
Alamy: Dino Fracchia: p. 13 (t); PA Images: p. 19; Gado Reportage: p. 20
iStock: zoranm: p. 15
Shutterstock: Kevin M. McCarthy: p. 16 (r); Michalakis Ppalis: p. 18; oconnelll: p. 21
All other photographs by Shutterstock

Library and Archives Canada Cataloguing in Publication

Title: ¿Cuál es la mejor solución? / Robin Johnson ; traducción de Pablo de la Vega.
Other titles: What is the best solution? Spanish
Names: Johnson, Robin (Robin R.), author. | Vega, Pablo de la, translator.
Description: Series statement: ¡Conocimiento a tope! Ingeniería en todas partes | Translation of: What is the best solution? | Includes index. | Text in Spanish.
Identifiers: Canadiana (print) 20200297791 | Canadiana (ebook) 20200297805 | ISBN 9780778783220 (hardcover) | ISBN 9780778783435 (softcover) | ISBN 9781427126313 (HTML)
Subjects: LCSH: Engineering—Juvenile literature. | LCSH: Engineering—Methodology—Juvenile literature. | LCSH: Problem solving—Juvenile literature. | LCSH: Creative thinking—Juvenile literature.
Classification: LCC TA149 .J6418 2021 | DDC j620—dc23

Library of Congress Cataloging-in-Publication Data

Names: Johnson, Robin (Robin R.), author. | Vega, Pablo de la, translator.
Title: ¿Cuál es la mejor solución? / traducción de Pablo de la Vega ; Robin Johnson.
Other titles: What is the best solution? Spanish
Description: New York, NY : Crabtree Publishing Company, [2021] | Series: ¡Conocimiento a tope! Ingeniería en todas partes | Translation of: What is the best solution?
Identifiers: LCCN 2020032759 (print) | LCCN 2020032760 (ebook) | ISBN 9780778783220 (hardcover) | ISBN 9780778783435 (paperback) | ISBN 9781427126313 (ebook)
Subjects: LCSH: Mechanical engineering--Juvenile literature.
Classification: LCC TJ147 .J63518 2021 (print) | LCC TJ147 (ebook) | DDC 621--dc23

Printed in the U.S.A./102020/CG20200914

Índice

Crabtree Publishing Company

www.crabtreebooks.com   1-800-387-7650

Copyright © **2021 CRABTREE PUBLISHING COMPANY**. All rights reserved. No part of this publication may be reproduced, stored in a retrieval system or be transmitted in any form or by any means, electronic, mechanical, photocopying, recording, or otherwise, without the prior written permission of Crabtree Publishing Company. In Canada: We acknowledge the financial support of the Government of Canada through the Canada Book Fund for our publishing activities.

Published in Canada
Crabtree Publishing
616 Welland Ave.
St. Catharines, Ontario
L2M 5V6

Published in the United States
Crabtree Publishing
347 Fifth Ave
Suite 1402-145
New York, NY 10016

Published in the United Kingdom
Crabtree Publishing
Maritime House
Basin Road North, Hove
BN41 1WR

Published in Australia
Crabtree Publishing
Unit 3 – 5 Currumbin Court
Capalaba
QLD 4157

Encontrando soluciones

¿Qué harías si tuvieran que cruzar por encima de mucha agua? Podrías caminar sobre un puente. Podrías viajar en un bote. Las dos son soluciones.

Los puentes y los botes son soluciones para cruzar sobre el agua. ¿Cuál es otra solución?

Una solución es una respuesta a una interrogante o a un problema. ¿Recuerdas alguna vez que hayas encontrado una solución?

La casa de esta familia tenía demasiados juguetes. Su solución es un cesto para juguetes. ¡Ayuda a mantener la casa en orden!

En el trabajo

Algunas personas trabajan encontrando soluciones. Son los ingenieros. Los ingenieros hacen uso de las matemáticas, la ciencia y el **pensamiento creativo** para solucionar problemas.

Los ingenieros disfrutan de solucionar problemas. Siempre están buscando nuevas soluciones. Una nueva solución puede resolver un problema de una manera mejor o más rápida.

Esta ingeniera **diseña** computadores que hacen el trabajo más fácil. Se asegura de que funcionen adecuadamente. Arregla cualquier problema que puedan tener.

Cubriendo necesidades

Los ingenieros buscan problemas para resolver. Encuentran áreas donde las **necesidades** no están cubiertas. Los ingenieros diseñan cosas para cubrir esas necesidades. También diseñan cosas que hacen la vida más fácil, segura y sencilla.

Cuando no llueve suficiente, las plantas no pueden crecer. Esta ingeniera resuelve el problema. Diseña un sistema para llevar agua a las plantas.

¡Los ingenieros diseñaron todo esto! ¿Qué problema soluciona cada objeto? ¿Cómo cubre una necesidad o hace la vida más fácil, segura o divertida?

De todos lados

Los ingenieros averiguan todo lo que pueden acerca de un problema. Lo ven desde todos lados. Estudian el problema de cerca. Entienden cómo el problema **afecta** a la gente.

Esta ingeniera está subiendo por una escalera para estudiar un problema de cerca.

Este ingeniero encontró un problema en el camino. Está dañado. Habló con la gente que usa el camino. Mira el camino de cerca.

¡Muchas soluciones!

Los ingenieros trabajan en equipo para resolver problemas. **Hacen lluvias de ideas** para pensar en todas las soluciones posibles. ¡No hay respuestas incorrectas cuando haces lluvias de ideas!

Trabajar en equipo ayuda a los ingenieros a pensar en muchas soluciones diferentes.

Este ingeniero quiere diseñar zapatos que no se resbalen en el hielo. Piensa en tantas soluciones como puede.

Estos niños están haciendo una lluvia de ideas para diseñar una manera de reducir el desperdicio en clase.

Los mejores modelos

Los ingenieros hacen **modelos** para sus soluciones. Prueban los modelos para ver si resuelven el problema. Las pruebas muestran a los ingenieros cómo funcionarán sus ideas. Luego, los ingenieros escogen la mejor solución.

Las pruebas ayudan a los ingenieros a encontrar maneras de mejorar sus soluciones. Mejorar es hacer algo mejor.

La mejor solución resuelve todas las partes de un problema o cubre por completo una necesidad. Los oficinistas tenían dolor de espalda después de estar sentados todo el día. ¡Así es que los ingenieros diseñaron escritorios que les permiten estar de pie! Estos escritorios también pueden ser bajados para que los oficinistas se sienten si se cansan.

Problema de contaminación

Los ingenieros buscan formas de mejorar soluciones. Por ejemplo, los ingenieros diseñaron los autos para que podamos viajar rápidamente. Pero muchos autos usan gasolina para obtener **energía**. Esto **contamina** el aire. Por ello, los ingenieros buscan maneras de solucionar el problema.

Los ingenieros diseñaron los autos para solucionar el problema de los viajes lentos. Han mejorado los primeros diseños a lo largo del tiempo.

Los ingenieros trabajan en equipo para diseñar autos que no usen gasolina.

Los ingenieros usan modelos para hacer y probar nuevos diseños de autos.

Energías alternativas

Los ingenieros tienen muchas ideas para hacer autos que no usen gasolina. Diseñan autos que usan energía solar o energía eólica (es decir, del viento). Hacen y prueban modelos para encontrar la mejor solución.

paneles

Estos modelos obtienen su energía del Sol.
Paneles grandes recolectan la energía del Sol.

Este modelo funciona con energía eólica. El aire sopla en las velas del auto y lo empuja hacia delante.

La mejor solución

Después de probar muchos modelos, los ingenieros encontraron la mejor solución. Diseñan autos que funcionan con **electricidad**. Los conductores conectan estos autos para cargarlos de energía.

Estos ingenieros están probando un auto eléctrico para asegurarse de que funciona bien.

¡Tú también puedes encontrar soluciones! Estos niños
hacen autos impulsados por el Sol. Hacen una competencia
de velocidad con sus modelos para ponerlos a prueba.

Palabras nuevas

afecta: verbo. Impacta algo.

contamina: verbo. Ensucia.

diseña: verbo. Hace un plan para crear algo.

electricidad: sustantivo. Un tipo de energía que hace funcionar cosas, como la luz.

hacen lluvias de ideas: verbo. Trabajan en equipo para compartir muchas ideas sobre un mismo tema.

modelos: sustantivo. Representaciones de objetos reales.

necesidades: sustantivo. Cosas que necesitamos para sobrevivir.

pensamiento creativo: sustantivo. Uso de la mente para inventar ideas nuevas y originales.

Un sustantivo es una persona, lugar o cosa.

Un verbo es una palabra que describe una acción que hace alguien o algo.

Un adjetivo es una palabra que te dice cómo es alguien o algo.

Índice analítico

Sobre la autora

Robin Johnson es una autora y editora independiente que ha escrito más de 80 libros para niños. Cuando no está trabajando, construye castillos en el aire junto a su marido, quien es ingeniero, y sus dos creaciones favoritas: sus hijos Jeremy y Drew.

Para explorar y aprender más, ingresa el código de abajo en el sitio de Crabtree Plus.

www.crabtreeplus.com/fullsteamahead

Tu código es: **fsa20**

(página en inglés)

Notas de STEAM para educadores

¡Conocimiento a tope! es una serie de alfabetización que ayuda a los lectores a desarrollar su vocabulario, fluidez y comprensión al tiempo que aprenden ideas importantes sobre las materias de STEAM. *¿Cuál es la mejor solución?* permite a los lectores usar evidencias del texto para encontrar respuestas a cuestionamientos sobre cómo los ingenieros encuentran las mejores soluciones. La actividad STEAM de abajo ayuda a los lectores a expandir las ideas del libro para el desarrollo de habilidades de ingeniería y lengua y literatura.

Cómo lo solucioné

Los niños lograrán:
- Entender que hay muchas soluciones a un problema, y que los ingenieros encuentran la mejor solución a través de lluvias de ideas y pruebas.
- Crear una historia con imágenes y pies de foto que muestre cómo los ingenieros encontraron la mejor solución.

Materiales
- Hoja de trabajo «Cómo lo solucioné».
- Ejemplo completo de cómo lo solucioné.
- Tecnología para usar de muestra, como un casco, un refrigerador o un despertador. (Usa una imagen o el objeto físico).

Guía de estímulos
Después de leer *¿Cuál es la mejor solución?*, pregunta a los niños:
- ¿Qué hacen los ingenieros?
- ¿Cómo encuentran soluciones los ingenieros?

Actividades de estímulo
Explica a los niños que ayudarán a contar cómo los ingenieros encuentran soluciones que usamos todos los días. Muestra a los niños la tecnología que será usada como ejemplo. Explica que los ingenieros la diseñaron para resolver un problema o cubrir una necesidad. Pregúntales:
- ¿Qué problema resuelve? ¿Qué necesidad cubre?

Analiza el ejemplo completamente con los niños basándote en la tecnología seleccionada.

Luego, muéstrales una nueva tecnología y entrega a cada niño la hoja de trabajo «Cómo lo solucioné». Deben llenarla, completando la historia de cómo el par de ingenieros encontraron una solución. La ilustrarán con imágenes y escribirán oraciones cortas o palabras para llenar los espacios en blanco. ¡Los niños pueden ser creativos con sus soluciones!

Pide a los niños que presenten sus historias a sus compañeros. Crea una larga lista de clase con las muchas soluciones que los niños aportaron. Habla con ellos acerca de cómo hay muchas soluciones al mismo problema. Pregunta a los niños cómo decidieron cuál era la mejor solución. Comparte sus estrategias para reducir la lista a la mejor idea e intercambia opiniones sobre cómo los ingenieros en la vida real probarían y mejorarían su idea.

Extensiones
Usa el proceso de diseño de ingeniería para encontrar la mejor solución a un problema en el aula.

Para ver y descargar la hoja de trabajo, visita **www.crabtreebooks.com/resources/printables** o **www.crabtreeplus.com/fullsteamahead** (páginas en inglés) e ingresa el código **fsa20**.